Investigaciones sobre el comportamiento animal

# COMUNICACIÓN ANIMAL

De Michelle Garcia Andersen
y Pablo de la Vega

Rourke™

CONEXIONES
# de la ESCUELA a la CASA
DE ROURKE

# ANTES Y DURANTE LAS ACTIVIDADES DE LECTURA

## Antes de la lectura: *Desarrollo del conocimiento del contexto y el vocabulario*

Construir el conocimiento del contexto puede ayudar a los niños a procesar la información nueva y a usar la que ya conocen. Antes de leer un libro, es importante utilizar lo que ya saben los niños acerca del tema. Esto los ayudará a desarrollar su vocabulario e incrementar su comprensión de la lectura.

### Preguntas y actividades para desarrollar el conocimiento del contexto:

1. Ve la portada del libro y lee el título. ¿De qué crees que trata este libro?
2. ¿Qué sabes de este tema?
3. Hojea el libro y echa un vistazo a las páginas. Ve el índice, las fotografías, los pies de foto y las palabras en negritas. ¿Estas características del texto te dan información o ayudan a hacer predicciones acerca de lo que leerás en este libro?

### Vocabulario: *El vocabulario es la clave para la comprensión de la lectura*

Use las siguientes instrucciones para iniciar una conversación acerca de cada palabra.

- Lee las palabras del vocabulario.
- ¿Qué te viene a la mente cuando ves cada palabra?
- ¿Qué crees que significa cada palabra?

**Palabras del vocabulario:**

- *antenas*
- *aroma*
- *comunicación*
- *establecer vínculos*
- *feromonas*
- *precisos*
- *señales*
- *venenosas*

## Durante la lectura: *Leer para entender y conocer los significados*

Para lograr una comprensión profunda de un libro, se anima a los niños a que usen estrategias de lectura detallada. Durante la lectura es importante hacer que los niños se detengan y establezcan conexiones. Esas conexiones darán como resultado un análisis y entendimiento más profundos de un libro.

### Lectura detallada de un texto

Durante la lectura, pida a los niños que se detengan y hablen acerca de lo siguiente:

- Partes que sean confusas.
- Palabras que no conozcan.
- Conexiones texto a texto, texto a ti mismo, texto al mundo.
- La idea principal de cada capítulo o encabezado.

Anime a los niños a usar las pistas del contexto para determinar el significado de las palabras que no conozcan. Estas estrategias los ayudarán a aprender a analizar el texto más minuciosamente mientras leen.

Cuando termine de leer este libro, vaya a la penúltima página para ver las **Preguntas relacionadas con el contenido** y una **Actividad de extensión**.

# Índice

# Estudio de caso: ¿qué es ese olor?

¿Te gustaría que los animales hablaran? ¿Qué crees que dirían? Los animales no hablan como nosotros, pero sí hacen uso de la **comunicación.** Incluso las hormigas se comunican. ¿Cómo lo hacen?

hormigas carpinteras de Florida

Un grupo de científicos reunió hormigas de distintos hormigueros. Hicieron que se durmieran en una caja. Luego, inyectaron químicos en la caja que olían a otras hormigas. Los científicos observaron de cerca a las durmientes hormigas. ¿Qué crees que buscaban?

Cuando usaban el **aroma** de las hormigas de su propio hormiguero, las **antenas** de las hormigas se movían en una dirección. Cuando el aroma venía de hormigas «extrañas», las antenas se movían de manera distinta. ¿Por qué crees que sucedía? Conforme aprendes sobre la comunicación animal, revisa si puedes resolver este misterio.

## En el aire

No sólo usamos la nariz para oler. Cuando olemos, recogemos trozos de aromas que flotan en el aire y mandamos esa información al cerebro. El cerebro nos dice qué estamos oliendo.

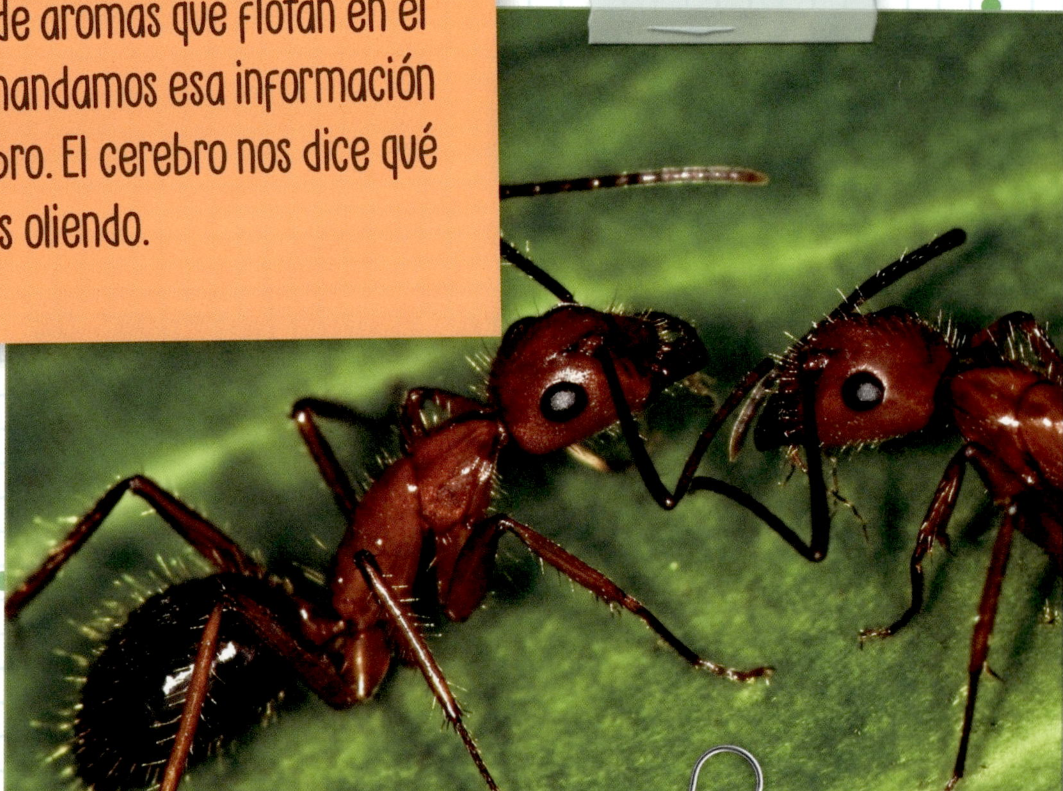

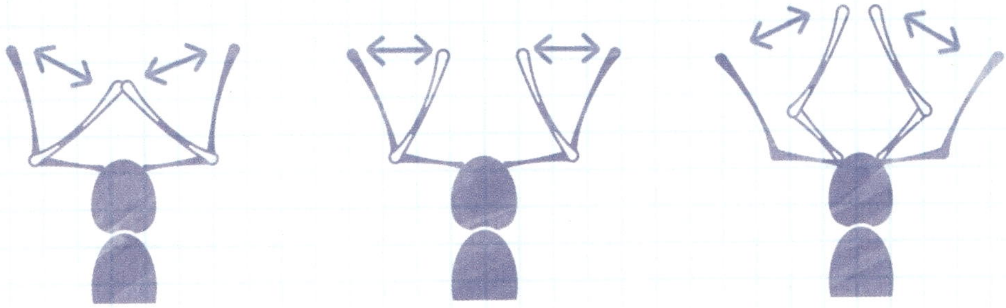

# ¿Me hablas a mí?

lobo norteamericano

La comunicación es la forma en la que compartimos información. Los animales se comunican con **señales.** Podemos ver, oler, oír o sentir las señales.

Usualmente, aunque no siempre, los animales mandan señales a su mismo tipo de animales. Por ejemplo, los lobos se comunican entre sí aullando. Koko era un gorila occidental de llanura que usaba lenguaje de señas, un tipo de lenguaje que podía ser visto y con el que se comunicaba con la gente. Conocía muchas palabras. Se comunicaba tan bien como una persona de tres años que usa este tipo de lenguaje.

Los animales también se comunican con otros tipos de seres vivos. ¿Alguna vez has olido un zorrillo? Pueden emitir un líquido desagradable cuando están asustados. Con ello le dicen a otros animales que los dejen en paz.

gorila occidental de llanura

## El gatito de Koko

En alguna ocasión, Koko pidió un gatito de regalo de Navidad. En su lugar, le dieron un gatito de juguete. Koko hizo el signo de «triste» y no jugó con el juguete. El día de su cumpleaños le dieron un gatito de verdad. Koko lo trató como si fuera su bebé.

El sonido también es importante para la comunicación. Las serpientes de cascabel mueven su cola para advertir a los demás que deben alejarse. Las polillas tigre producen chasquidos. Estos sonidos advierten a los murciélagos hambrientos que las polillas no tienen buen sabor.

crótalo diamante occidental

pequeño murciélago café

polilla tigre

rata-topo gigante

Otros animales emiten mensajes que pueden ser sentidos. Esto incluye ruidos sordos y golpeteos, como cuando las ratas-topo gigantes «hablan» al golpear sus cabezas contra los túneles subterráneos.

# Más de lo que parece

Los animales se comunican por diversas razones: para encontrar pareja, por protección, para compartir información en un grupo y para cuidar de sus crías.

A los pavorreales macho les gusta presumir las plumas de sus colas abriéndolas y moviéndolas. Los hace ver más grandes. Presumir les ayuda a encontrar pareja.

pavorreal macho y pavorreal hembra

Las venenosas ranas punta de flecha son coloridas y brillantes. Sus colores advierten a otros animales que no deben comerlas. Pueden ser mortales, incluso para animales grandes.

El cercopiteco verde hace sonidos cuando quiere decir algo. Sus llamados son muy precisos. Si ven a una serpiente cazadora, avisan a los demás monos que deben esconderse en los árboles. Si ven a un águila peligrosa, su llamado dice a los demás que deberán agacharse.

águila coronada

cercopiteco verde

pitón africana de roca

Las ballenas también hacen sonidos para comunicarse. Silban, chasquean y hacen sonidos pulsantes. Las ballenas usan el sonido para encontrar comida y a otras ballenas.

## Canciones de ballenas

¿Te gusta cantar? ¡A las ballenas jorobadas también! La ballena jorobada macho canta canciones para atraer a las hembras.

luciérnagas

Algunos animales se comunican a través de químicos. Las luciérnagas producen un químico para que su cuerpo brille. Cuando son jóvenes brillan para que los demás sepan que no tienen buen sabor. Cuando son mayores, brillan para encontrar pareja. Las luciérnagas encienden sus luces y brillan para encontrar a otras como ellas.

lince de Canadá

Algunos animales producen unos químicos llamados feromonas. Las feromonas dejan un aroma. Esta es una señal para los animales de su especie. Los linces hembra de Canadá dejan un aroma al orinar y al arañar árboles. Otros felinos pueden olerla y alejarse. Así, protegen a sus crías.

Muchos animales se comunican a través del tacto. Los elefantes usan el tacto para establecer vínculos. Usan sus trompas para mostrar sus sentimientos. También se comunican haciendo sonidos de trompeta (es decir, barritando) y pisando fuerte. Algunos de sus sonidos no pueden ser oídos por los humanos.

Las abejas melíferas se comunican a través del tacto. Hacen una danza que permite a otras abejas saber dónde encontrar comida. Cuando una abeja danza en la oscura colmena, las demás abejas no la ven bailar, pero pueden sentir el baile a través de sus patas.

abejas melíferas

elefantes

# Caso cerrado

Piensa en las hormigas del estudio al inicio del libro. ¿Qué forma de comunicación crees que usan? ¿Por qué piensas que sucede?

hormiga reina

Si dijiste que usan su sentido del olfato, ¡estás en lo correcto! Las hormigas usan sus antenas para oler. El estudio demostró que las hormigas pueden percibir el olor corporal. Saben qué hormigas pertenecen a su hormiguero gracias a su aroma. Cada hormiga hace un trabajo distinto en el hormiguero. Pueden saber qué trabajo hace cada hormiga por su olor. Saben cuál es la hormiga reina gracias a su olor. También saben cuáles son las hormigas obreras. Esto ayuda a mantener el orden en el hormiguero.

Para aprender más sobre el estudio de caso y los científicos de este libro, busca en línea «Dra. Kavita Sharma» y «hormiga carpintera de Florida».

## ¡Sé creativo! Actividad de extensión sobre animales

Los animales se comunican entre sí de muchas maneras, incluyendo sonidos, vibraciones y luces. Algunos animales usan patrones luminosos y otros bailan para transmitir un mensaje. Diseña un experimento para probar una nueva forma de comunicarte con tus amigos inspirada en la comunicación animal.

1. Haz una lluvia de ideas sobre tres formas diferentes y novedosas que podrías usar para comunicarte con tus amigos.
2. Haz una lista de pros y contras de cada método.
3. Decide cómo funcionará tu nuevo método de comunicación en letras, sonidos, palabras e incluso oraciones.
4. ¡Pon a prueba tu comunicación teniendo una conversación con un amigo!

**Diseña tu estrategia de estudio. Asegúrate de que sea segura para cualquier ser vivo. Escribe un plan y compártelo con un amigo.**

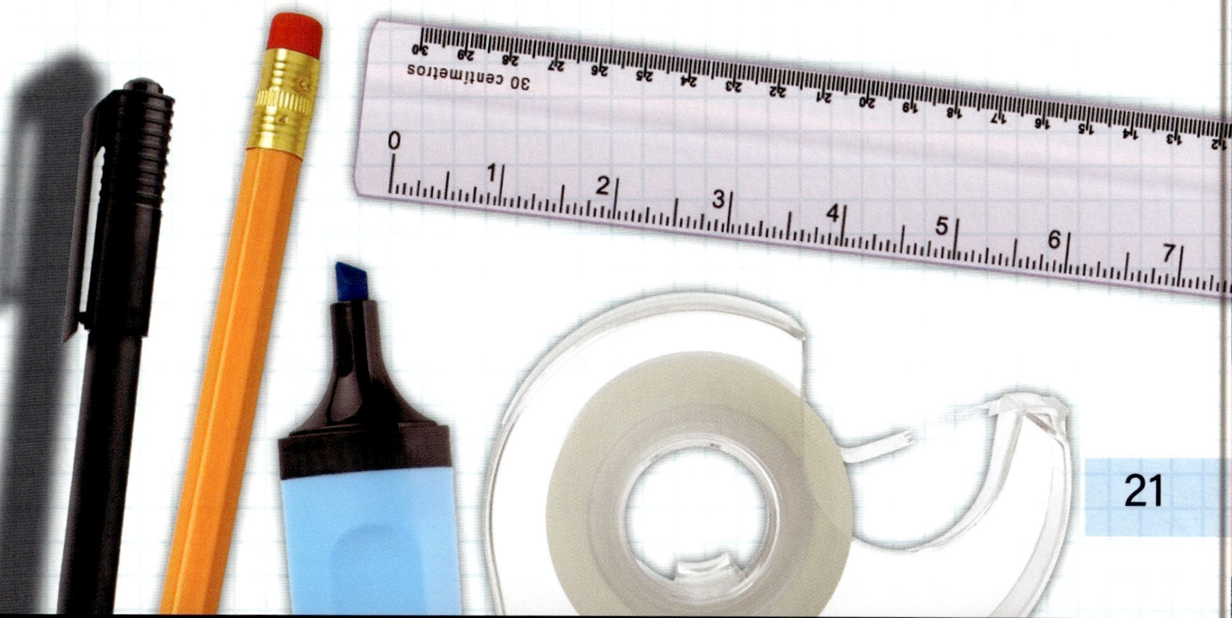

# Glosario

**antenas:** Órganos en la cabeza de un insecto.

**aroma:** Un olor distintivo.

**comunicación:** El acto de compartir información, ideas y sentimientos con otros.

**establecer vínculos:** Formar una relación con alguien.

**feromonas:** Un aroma emitido por algunos animales.

**precisos:** Muy exactos o que ponen mucha atención a los detalles.

**señales:** Medio para mandar mensajes o advertencias.

**venenosas:** Que tienen un veneno que puede dañar o matar.

# Índice alfabético



# Preguntas relacionadas con el contenido

1. Describe cuatro formas de comunicación animal.
2. ¿Por qué las ranas punta de flecha tienen colores tan brillantes?
3. ¿Qué son las feromonas y qué hacen?
4. ¿Qué hacen las abejas para comunicarse?
5. Piensa acerca de los muchos animales sobre los que leíste en este libro y cómo se comunican. ¿Cuál te pareció más interesante y por qué?

# Lecturas adicionales (en inglés)


Rake, Jody S. *The Naked Mole-Rat*, Capstone, 2008.

Simon, Seymour. *Elephants*, HarperCollins, 2018.

Socha, Piotr. *Bees*, Abrams, 2017.

# Acerca de la autora

**Michelle Garcia Andersen vive en el sur de Oregón rodeada de mascotas y naturaleza. Uno de sus pasatiempos favoritos es sentarse en el porche de su casa y observar la naturaleza y a quienes la habitan. Nada la alegra más que poder ver un ciervo canadiense y tomarse un tiempo libre para escuchar y observar cómo se comunica con su manada.**



www.rourkebooks.com

PHOTO CREDIT: Cover ©Waffa, ©TippaPatt, ©Olha Kozachenko, ©sruilk; back cover ©Mikhail Semenov; p3 ©32 Pixelsp4 ©mprikaznov; p5 ©Dgrilla; p6 ©Russell Marshall; p7 ©Russell Marshall; p8 ©slowmotiongli; p9 ©Dirk M. De Boer, ©32 Pixels; p10 ©DMartin09; p11 ©Michael Durham, ©Kirsanov Valery Vladimirovich, ©Giedriius; p12 ©Lucia Gajdosikova; p13 ©Dirk Ercken; p14 ©nwdph, ©Earnie Janes, ©Cesar J. Pollo, ©32 Pixels; p14 ©32 Pixels; p15 ©Fer Gregory, ©32 Pixels; p16 ©Reimar, ©32 Pixels; p17 ©Diyana Dimitrova, ©Nick Greaves; p18 ©thrall Shula; p19 ©Pavel Krasensky; p20 ©Russell Marshall; p21 ©BonD80, ©Boltenkoff, ©Evgeny Karandaev, ©Hurst Photo, ©Frame Art; p24 ©Michelle Garcia Andersen

Editado por: Laura Malay
Diseño de la tapa e interior: Tammy Ortner
Traducción: Pablo de la Vega

**Library of Congress PCN Data**

Comunicación animal / Michelle Garcia Andersen
(Investigaciones sobre el comportamiento animal)
ISBN 978-1-73165-451-9 (hard cover)(alk. paper)
ISBN 978-1-73165-502-8 (soft cover)
ISBN 978-1-73165-535-6 (e-book)
ISBN 978-1-73165-568-4 (e-pub)
Library of Congress Control Number: 2022939729

Rourke Educational Media
Printed in the United States of America
01-0372311937